AF263037

LA MAIN D'ŒUVRE

AUX

ILES DE CABO VERDE

RAPPORT PRÉSENTÉ

PAR

Francisco de Paula Cid

OFFICIER DE LA MARINE PORTUGAISE · ANCIEN GOUVERNEUR DES COLONIES

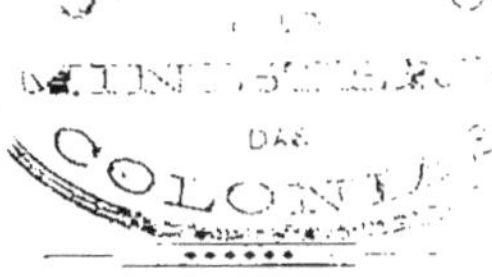

LISBONNE

Imprimerie "A Editora Limitada,,

Largo do Conde Barão, 50

1914

Quelques mots sur la découverte des iles. — Les premièrs colons qui y ont débarqué. — Climat. — Production du sol.

Métiers de production agricole. — De production industrielle au point de vue de la main d'œuvre. — Son importance. — Nombre et qualité des travailleurs employés dans l'agriculture et les industries.

Conditions de vie et de travail des ouvriers.

Les travailleurs considérés sons le point de vue de la production. — *(a)* Leur activité ou répugnance au travail. — *(b)* Les indigènes sont obligés de travailler. — *(c)* Liberté du choix de la profession. — *(d)* Situation des travailleurs dans les différentes entreprises. — *(e)* Qualité de la main d'œuvre selon les sexes et l'âge. — *(f)* Nombre de travailleurs employés.

Occupation des terrains par les travailleurs.

Institution pour faciliter la production et proteger les travailleurs.

Contrat des travailleurs.
(a) Moyens de faire les contrats.
(b) Action des autorités.
(c) Contrats pour les travaux dans l'agriculture et l'industrie. — 1 de charbon. — 2 de ceramique. — 3 de sel. — 4 de pêche. — 5 de chapeaux de paille. — 6 de chaux (Bôa Vista.

Système de rémunération du travail dans l'agriculture et l'industrie. — Salaires. — Part aux bénéfices. — Taxe des salaires. — Selon la production. — Genre de travail. — Le sexe et l'age des travailleurs.
Emploi des salaires par les travailleurs.

Quels sont les centres habités qui peuvent fournir des travailleurs.
(a) Le contrat et la dislocation des travailleurs peut nuire à l'agriculture on au développement de la population ou à la vie sociale des localités ou on va les prendre.
(b) Conditions de transport jusqu'aux centres de production.
(c) Conditions de renouvellement des contrats.

Main d'œuvre employé par le gouvernement.

Service militaire.

Travaux des prisonniers punis pour des crimes de droit commum.

Emigration.
(a) Pour l'etranger.
(b) Pour les Colonies portugaises.
Quantité et qualité par sexes et âges.
(c) Principaux métiers où ils vont employer leur activité aux pays étrangers.

AVANT PROPOS

La brièveté du temps dont je dispose pour accomplir la mission dont j'ai eu l'honneur d'être chargé par la commission chargée d'élaborer les Rapports, qui doivent être présentés au 3ème congrès d'agriculture tropicale, qui doit avoir lieu à Londres au prochain mois de Juin, ne me permet pas de développer largement mon travail sur la main d'œuvre dans la colonie portugaise constituée par l'archipel de Cabo Verde. Quoique le problème sur la main d'œuvre dans cette colonie soit facile à résoudre, puisque d'après les conditions actuelles de son commerce de son industrie, et de son agriculture, elle ne manque pas de travailleurs pour parer à l'activité dans ces trois branches de vié des sociétés, et encore pour suppléer à l'émigration pour l'étranger, ainsi que pour les autres Colonies portugaises, il y a des problèmes intimement liés à main d'œuvre, comme le régime de la propriété; et en faire une étude d'après une minutieuse euquête serait de la plus grande convenance, mais le temps dont je dispose ne me le permet pas.

Je dirai donc très peu de mots sur le débarquement des premièrs colons arrivés aux îles de Cabo Verde — Sur son climat et sur la fertilité de son sol.

Dans l'atmosphère trouble et confuse qui enveloppe le passé figure la découverte des îles de Cabo Verde. On assure, que les Phéniciens les ont connu sous le nom de *Gorgonidas*. — Damien de Goes en attribue la découverte à une expédition composée de trois navires sortis de Lagos en 1445, et dont la garnison comptait un aventurier Louis Cadamosto, qui parait avoir fourni la narration du voyage, à Damien de Goes.

On reconnut plus tard, que l'expédition n'était pas sortie de Lagos en 1445, mais dix ans plus tard, et que Cadamosto ne connaissait pas la position de l'archipel de Cabo Verde.

La connaissance du manuscrit de Diogo Gomes, pilote familier de l'infant D. Henrique, vint éclaircir le problème de la découverte de l'archipel. — Diogo Gomes sortit de Lisbonne en 1460 dans une caravelle qu'il commandait, il rencontra dans les mers de la Guinée la caravelle commandée par Antoine Nolla (gênois au service de l'Infant) et en revenant à Portugal ils trouvèrent l'île de S. Thiago. Diogo Gomes raconte dans son manuscrit, qu'il a été le premier à débarquer, et qu'il n'y a pas trouvé le moindre vestige d'une occupation antérieure.

Les deux caravelles se firent à la voile vers Lisbonne, mais celle d'Antonio Nolla arriva la première, et il fut donc le premier, à apporter la nouvelle de la découverte.

On méconnait l'ordre de la découverte des autres iles, mais il parait, que la dernière a été l'île de S. Antão.

Que les îles étaient inhabitées lors de l'époque des découvertes, et que leurs premiers colons ont été les vassaux de l'Infant D. Fernand, au quel D. Affonso V avait fait la donation de l'archipel c'est un point arrêté. Le travail de la colonisation a été très lent. En 1500 apeine les îles de S. Thiago et Fogo étaient habités par des colons européens et les indigènes de la Guinée.

Pendant le cours du XVIème siècle la colonisation s'étendit aux îles de S. Nicolau — Maio — Brava — Boa-Vista et S. Antão, en prenant un grand accroissement en 1530.

Le climat de l'archipel est salubre en général, spécialement les deux îles Brava et S. Antão, qui sont considérées comme de vrais sanatoires.

Situées en plein océan elles sont balayées par les brises du N. E. vent dominant de Novembre à Juin — époque connue par le *temps des brises* — ou la chaleur est très supportable et les conditions de vie et du travail sont parfaitement garanties pour les individus de la race européenne.

A l'intérieur de ces îles, pendant cette époque, la température descend à quelques degrés au dessus de zéro, et remarquablement dans la région *de Pics* à S. Thiago, dans la ville de l'île Brava et à l'intérieur de l'île de S. Antão.

Pendant les mois de Juin à Octobre connus par — *l'époque des pluies* — la chaleur est beaucoup plus intense et les moyennes de température très élevée sont alors fréquentes à la-ville-da Praia — et comme à cette époque le mouvement agricole est grand et portant l'exposition des colons est plus prolongée, c'est aussi la période ou les maladies se font sentir plus intensément dans les endroits voisins des marécages.

Les iles de Cabo Verde sont de formation volcanique. De nombreux cones volcaniques l'attestent, surtout celui de l'île de Fogo, qui a été en activité au milieu du siècle dernier. Cependant par les études géologiques faites à l'archipel, ont peut conclure, que, en outre du basalte on y rencontre des roches de sédiment surtout aux iles Bôavista et Maio.

L'aspect actuel des iles est triste au premier abord. Les basaltes très noirs sortant de la mer inspirent au voyageur quelque chose comme de l'épouvante—qui contraste avec le riant intérieur des iles où l'on rencontre des endroits d'une fertilité exceptionnelle. On ne pourrait pas supposer, en voyageant autour de l'ile de *Santo Antão*, que l'aridité exterieure est transformée à l'intérieur, et que de charmants oasis tels, que le *Ribeira do Paul*, *Ribeira das Patas*, *Tarrafal do Monte Trigo*, nous y attendent.

Il arrive de même avec l'ile de *S. Thiago*, où existe la capitale de la province, *Villa da Praia*. À l'intérieur de l'ile, la région du *Pico*, la *Ribeira do Engenho* et du *Serrado*, ainsi que plusieurs grandes plaines, que les naturels du pays appellent *Achadas*, surtout la *Achada Falcão*, dans le conseil de *Santa Catharina*, sont remarquables par leur fertilité.

Je parle spécialement de ces deux iles, qui sont regardées comme les deux grands greniers de la province de Cabo Verde.

La population est composée d'individus blancs, bruns et nègres. Les premiers sont issus des colons, qui y ont été envoyés après la découverte des iles; les nègres descendent des indigènes de la Guinée, et du croisement des deux races provient naturellement la grande majorité des créoles de Cabo Verde, type spécial caractéristique, bien accentué, aux traits corrects et généralement très sympathiques.

Les habitants du Cap-Vert sont laborieux, et dans quelques iles, à *Brava* et *Fogo* surtout, ils ont un penchant à l'émigration pour l'Amérique du Nord.

Il est possible, que le courant émigratoire établi aujourd'hui entre quelques unes des iles du Cabo Verde et les E'tats Unis de l'Amérique, soit originé par le recrutement des tripulations, que les balciniers de cette nation viennent faire périodiquement, dans l'île *Brava*.

Quelle qu'en soit la cause, ce courant est établi depuis de longues années d'une manière considérable, et réprésente un grand avantage pour les îles.

Pendant les années de crise alimentaire, elle se fait moins sentir dans les îles où l'émigration avec l'Amérique est établie, tandis que dans d'autres et surtout à *S. Thiago*, cette crise a eu des conséquences les plus désastreuses, puisque elle a causé la mort à des centaines de ses habitants, frappant spécialement les vieillards et les enfants.

Notre Colonie de Cabo Verde est entre les Colonies portugaises, celle où le problème de la main d'œuvre est de plus facile résolution. L'agriculture, les industries et le commerce de la province n'ont pas jusqu'à présent lutté contre les difficultés pour obtenir les éléments du travail, qui rendent la vie des autres colonies, en général, si embarassante. Il y a assez de bras pour son agriculture si restreinte, ce qui arrive de même avec les industries locales et le commerce, et l'excédent permet une large émigration vers les pays étrangers ainsi que pour les autres colonies portugaises.

Le travail y est entièrement libre, ainsi qu'il doit l'être dans une colonie, où l'état de civilisation est assez avancé. Ceux qui ont besoin de gagner leur pain quotidien, cherchent le travail où bon leur semble, sans l'aide des lois et des autorités.

Centres de production agricole

Les centres de production agricoles les plus importants sont:

A l'île de Santo Antão — *Ribeira do Paul, Ribeira das Patas, Tarrafal do Monte Trigo* et *Ribeira Alto do Mira.*

A l'île S. Nicolau — *Thomás Pires, Ribeira das Queimadas, Carvoeiros* et *Povoação.*

A l'île de S. Thiago — *Santa Catharina, Orgãos, Ribeira dos Picos* et *Pedra Bandeja.*

A l'île Brava — *Feijã* et *Ribeira dos Vinagres.*

A l'île de Fogo — *Mosteiros,* centro de production industrielle.

L'île de S. Vicente est celle où l'on exerce plus largement l'industrie; et cette industrie (la vente du charbon spécialement aux bateaux qui font la navigation entre l'Europe et l'Amérique du Sud), occupe de nombreux ouvriers des deux sexes, et fait sentir son influence non seulement à S. Vicente mais encore dans toutes les autres îles, ainsi que nous le ferons voir plus tard.

Les naturels de l'île *Boa Vista* exercent l'industrie de la fabrication de vaisselle, de chaux de coquillage, de délicieux fromages et de beurre. Ils s'adonnent aussi à la pêche et à l'extraction du sel.

A l'île du *Sal* l'unique industrie est l'extraction du sel, qui est très importante en quantité, et tout dernièrement on en fait aussi le raffinement, après quoi, l'exportation a lieu.

A l'île *Maio* on compte trois industries: la pêche, l'élevage du bétail et l'extraction de sel.

A *S. Nicolau,* de petites industries de tissus de coton, et de coton et laine.

L'île *Brava* compte une industrie domestique, la fabrication de chapeaux de paille. Cette industrie sous le point de vue de la main d'œuvre, ne serait pas à mentionner, mais nous en parlons parce que ces produits sont en vérité si bien faits, qu'il est regrettable qu'ils ne soient point connus en dehors des îles. Si on faisait l'exportation de ce produit hors de la Province, il se développerait, se perfectionnerait, et on pourrait le vendre à meilleur marché, tandis que comme produit domestique, il est méconnu, et ce n'est que par curiosité, que l'un ou l'autre achète les chapeaux de paille fabriqués à l'île Brava.

Le travail dans l'archipel est tout ce qu'il y a de plus libre; pas une ombre de tutelle. Soit dans l'agriculture, soit dans les différentes industries des îles, chaque individu contracte verbalement ses services comme bon lui semble, sans que les autorités s'en mêlent.

Il y a quatre dépôts de charbon à l'île de S. Vicente, trois sont la propriété de compagnies anglaises, et l'autre appartient à une société soit-disant portugaise, mais dont les capitaux sont anglais. Dans cette industrie, les patrons ainsi que les travailleurs préfèrent le travail à forfait.

Les travailleurs vivent généralement dans la proximité du local du travail dans l'agriculture et dans les industries. On rencontre généralement à S. Vicente, une foule d'individus des autres îles accourus pour travailler, mais ils vivent chez eux avec leurs familles. Les patrons payent leurs salaires en argent uniquement, et ne leur donnent rien de plus. L'indigène de Cabo Verde prête son travail à l'agriculture, à l'industrie ou au commerce, et le patron paye ses services et n'a rien à voir avec sa nourriture, ses vêtements, son logement, ainsi qu'on le fait dans les pays civilisés.

A S. Thiago, et dans d'autres îles, où l'agriculture est plus développée, les salaires, d'accord entre les patrons et les travailleurs, sont payées en denrées; le patron fournit les denrées à meilleur marché, pour la nourriture et le vêtement et généralement les payements sont faits après les récoltes. Cependant on fait aussi par avance quelques payements en denrées.

Les travailleurs considérés sous le point de vue de la production

L'indigène de Cabo Verde est en général laborieux. A l'ile de Saint Thiago, conseil de Ste Cathèrine, on trouve quelques habitants, qui par le milieu on ils vivent, sont portés à l'indolence, mais ces mêmes individus poussés par la force des circonstances à travailler dans d'autres colonies, le font aussi bien que leurs conterrains, et on peut donc dire, que l'indigène de l'archipel a l'habitude du travail.

Le décrèt de 9 de novembre de 1889 oblige tout individu valide des colonies portugaises à acquérir par son travail les moyens de se nourrir et d'améliorer sa propre situation sociale. Toutes les lois publicés postérieurement ont consigné l'obligation du travail dans les colonies portugaises. Les habitants de Cabo Verde ainsi que ceux de toutes les autres colonies ont la pleine liberté de choisir, le travail, qui leur plait.

Les industries de charbon, de pêche, de céramique, et la fabrication de la chaux employent généralement les hommes, mais dans les travaux du rangement du charbon, dans les magasins, et dans la préparation du poisson on admet aussi les femmes. Dans l'agriculture les hommes et les femmes travaillent indistinctement.

On manque de données pour pouvoir dire au juste, le nombre des travailleurs occupés par l'agriculture et l'industrie. Tout est très variable. Cependant on peut dire quand même, que dans l'industrie du charbon, la plus considérable au Cabo Verde, 800 hommes sont employés d'une manière stable, et que ce nombre peut augmenter parallelement avec l'accroissement de la navigation.

Occupation des terrains par les travailleurs

Tous les terrains qui ne sont pas occupés et dûment enregistrés dans le bureau d'enregistrement (Conservatoria) appartiennent aux indigènes. Ces terrains sont cultivés pour leur compte personnel, ils y bâtissent leurs maisons, ou ils vivent avec leurs familles en toute liberté.

L'ancien système de fermages très suivi à l'intérieur de l'ile S. Thiago, et celui de petites associations pour l'interêt commun, en usage dans les autres iles, continuent en vigueur, et aujourd'hui des lois spéciales ont réglementé le système de baux de petites glèbes.

Il y a aussi aux iles de Cabo Verde un système de contrats particuliers de compagnies ou association pour la culture des haricots, du maïs et de la canne à sucre, Par ces contrats les travailleurs reçoivent un $1/3$ des récoltes.

La culture du café, que se fait à l'ile de Fogo, avec la plus grande intensité est payée en argent — mais si telle est la volonté du travailleur, il recevra en denrées l'équivalent de son salaire.

Institution pour faciliter la production et protéger les travailleurs

On a monté tout dernièrement dans le voisinage de la — Ville de Praia — un jardin d'expériences, dans le but de developper l'agriculture, et d'étudier la culture des espèces exotiques.

L'archipel du Cabo Verde qui depuis si longtemps se maintient dans une période stationnaire, luttant contre le manque de pluies, qui amène les grandes calamités de la famine, pourrait sortir certainement des difficultés où il se débat, si l'administration locale avait toujours soigné systématiquement le developpement de l'agriculture, la vraie source de richesse publique, qui pourrait donner à la population du Cap-Vert une prospérité solide.

Mais malheureusement si un administrateur envisage le problème d'une certaine manière, ceux qui le remplacent, orientés autrement, inutilisent les efforts, qui suivis sans relàche, pourraient combattre l'état misérable de plusieurs centres de population de quelques iles de cet archipel.

Il faudrait étudier un plan de l'arborisation des iles; le décréter, et le faire exécuter.

C'est, à mon avis le seul moyen de développer largement l'agriculture; la laisser livrée aux administrations locales, qui se succèdent à de brefs intervalles, comme on l'a fait jusqu'à l'heure actuelle, sans orientation suivie, rend inutiles tous les travaux faits dans ce but.

A l'archipel de Cabo Verde les travailleurs sont protegés par les lois du pays, ainsi que tous les portugais. Par leur éducation, et leurs habitudes, ils n'ont aucun besoin de lois spéciales, qui sont faites pour les peuples indigènes arriérés du continent africain.

Contrats de travail

On a déja dit que le travail dans les iles est entièrement libre, et qu'il n'y a pas de tutelle quelle qu'elle soit. L'habitant de Cabo Verde a l'obligation légale et morale de travailler et il accomplit ce devoir en travaillant pour son compte personnel dans l'agriculture, dans de petites industries, ou en échange de salaires il travaille dans les grandes propriétés agricoles ou dans les différentes industries de l'ile dont nous avons déja fait mention.

Système de rénumération du travail dans l'Agriculture et l'Industrie

La manière de rénumérer le travail est très variable, les salaires sont en général payés en argent. Cependant dans l'agriculture, le travail est souvent payé en denrées, ainsi que nous l'avons déja dit.

A l'ile de S. Thiago on fait largement la culture du ricin; les travailleurs employés dans la récolte du ricin ne reçoivent pas de salaires ils ont un pourcentage sur la quantité cueillie. Ce travail est fait généralement par les femmes et les enfants.

Dans l'industrie du charbon. la rémuneration du travail est déterminée par une taxe.

Le salaire des hommes employés dans cette industrie est de 400 reis par jour. Les femmes et les garçons gagnent 240 reis.

Du reste il n'y a pas de terme de comparaison dans les autres industries, on paye selon les localités.

Je ne possède pas les données statistiques et les renseignements que j'ai fait demander à Cabo Verde, ne sont pas arrivés mais quand même je les aurai, je ne serais pas en mesure de dire au juste la manière de rémunérer le travail à l'archipel.

Nous avons déja dit qu'il y a des industries ou l'on employe de préférence les travailleurs du sexe masculin. d'autres ou le sexe féminin et les enfants sont seuls employés, et d'autres encore, comme l'industrie du charbon, du poisson et du sel, qui comprend les deux sexes.

L'habitant de l'archipel de Cabo Verde, applique en général, le produit de son travail, en nourriture, vêtements, et dans le maintien de sa famille.

Le peuple a un caractère pacifique. Cependant il y a des centres de population et je spécialiserai le Conseil de S.te Catherine, ou la statistique criminelle est relativement grande, et plus grande encore en comparaison des autres conseils de la province, et ou la plupart de ses habitants ne dépensent pas les bénéfices de leur travail dans les modestes dépenses de la famille.

Quels sont les centres habités qui peuvent fournir des travailleurs

Les travailleurs de l'industrie du charbon à *S. Vicente* viennent en général de l'île de *S. Nicolau*, et de l'île *Bôa-Vista*. Du reste, les habitants de l'archipel suffisent à ses necessités locales, et à entretenir un courant émigratoire dont nous parlerons plus loin.

La dislocation de la population employée dans l'industrie du charbon, ne nuit pas à l'agriculture, pas plus qu'au développement de la popula tion puisque la pérmanence des travailleurs à l'île de S. Vicente est de courte durée, et partant, ne peut en rien affecter le developpement des iles dont ils sont originaires.

Les travailleurs se font transporter à leurs frais d'une ile à l'autre.

Il n'y a pas de renouvellement de contrat puisque ainsi que nous l'avons deja dit, le travail est entierement libre.

Main d'œuvre employée par le gouvernement

Le service militaire est fait par recrutement dans les différentes divisions administratives de la province. Chacune donne son contingent.

Lorsque le gouvernement á besoin de travailleurs il les contracte librement comme qui que ce soit, comme un simple particulier.

En cas extraordinaires mais prévus dans la législation, les prisonniers de prison correctionelle condannés à travaux forcés sont remplacés par des travailleurs publiques.

Emigration pour l'étranger

L'émigration pour l'Amérique du Nord a été initiée à Cabo Verde depuis longtemps.

Il est probable qu'elle soit due aux rapports établis par les vaisseaux baleiniers, qui viennent à l'île *Brava* pour le recrutement de leurs tripulations. La campagne de la pêche achevée, quelques habitants de l'île *Brava* s'embarquaient pour l'Amérique ou ils séjournaient plus ou moins longtemps: de la proviennent les rapports de notre archipel avec la ville de New-Bedfort, rapports chaque jour plus développés et qui se sont étendus aux autres îles.

Les habitants de l'île *Brava*, depuis le bas age, pensent à emigrer pour l'Amérique; il n'y a pas de considération, qui les arrête, rien ne les écarte de cette orientation, qui (il faut le dire) a apporté surtout à cette île, des ressources considérables, qui l'ont rendue une des plus riches de l'archipel.

L'émigrant en général, quitte la première fois son pays, pour l'Amérique, depuis l'âge de 15 ans jusqu'à 20, et il y séjourne le temps nécessaire pour économiser l'argent du passage et pouvoir au retour acheter dans l'île le terrain necessaire pour y bâtir son habitation. Il retourne en Amérique la seconde fois, et quand il croit avoir l'argent necessaire pour vivre dans son pays natal, il y retourne, organise sa famille et la plupart des fois il ne le quitte plus.

Il est curieux d'assister à l'arrivée du courrier qui apporte la correspondance d'Amérique à l'île *Brava*. Les personnes de la famille des émigrants se réunissent pour la lecture les lettres, qui, toutes sans exception, portent une somme quelconque depuis 1 dollar jusqu'à 20 et plus.

L'émigration considérable des iles — *Brava* et *Fogo* n'est pas nuisible à leurs richesses naturelles, et ne pourra presque pas avoir d'influence sur le developpement de sa population, puisque le séjour des émigrants en Amérique n'est pas le longue durée, et quant à leur retour ils fixent leur résidence au pays, ils sont encore suffisamment vigoureux pour créer une famille.

L'émigration faite de cette manière, loin dêtre nuisible est au contraire un excellent auxiliaire pour le pays ou on la fait depuis longtemps, et aù moment actuel les individus des deux sèxes les adultes et les enfants émigrent pour l'Amérique.

Je ne prossède pas de données statistiques qui puissent me mettre en mesure de répondre à la quantité d'émigrants, qui tous les ans vont en Amérique. — Ils s'y emploient dans les industries, et la pêche de la baleine.

Les femmes sont recherchées dans le ville de New Bedfort pour les travaux domestiques, et elles s'occupent aussi de l'industrie de filage de tissus.

Les émigrants qui vont en Amérique sont naturels des îles *Brava — Fogo — S. Nicolao* et *S. Antão* et ceux-ci émigrent aussi pour le Brésil et la République Argentine ou ils s'occupent de l'agriculture.

Je citerai un fait remarquable: Une partie considérable de personnel gradué de la garnison des navires de guerre argentins, est constituée par des individus naturels de l'île *S. Antão*.

Émigration pour les colonies portugaises

L'émigration des habitants de Cabo Verde pour la Guinée est ancienne. Il s'y employent généralement dans le petit commerce.

Ce fut en 1902 que les premiers colons de S. Thiago se rendirent à S. Thomé contractés régulièrement en conformité de la loi. Leurs contrats finis, ils retournèrent à Cabo Verde et depuis cette époque l'émigration pour les îles de S. Thomé et Principe n'a pas cessé d'exister. Actuellement, le courant émigratoire est presque exclusivement établi avec l'île Principe, que les émigrants cherchent volontairement, et ou ils travaillent pendant la durée de leur contrat. Revenus à leur pays natal il arrive souvent, que le même individu ait émigré pour le Principe deux fois et même davantage

Ils employent leur activité dans ces îles, dans l'agriculture et d'autres services des plantations, et ils y prêtent d'excellents services dans le percement de routes et de chemins.

Ils émigrent de l'île de Fogo pour la Guinée dans le but d'entreprendre un petit commerce.

Ceux de S. Antão émigrent à Mossamedes pour faire la pêche de la baleine.

Le Gouvernement de S. Thomé à contracté à S. Thiago des indigènes pour le service de la police de cette PROVINCE.

Lois sur les travaux appliquées à la Colonie du Cap Vert

Dec. de 9-xi-99
Dec. de 27-v-911.
Règlement privatif de la Province du Cap Vert de 6-iii-913.
Complimentaire du dec. du 27-v-911.

www.ingramcontent.com/pod-product-compliance
Lightning Source LLC
Chambersburg PA
CBHW050725070726
47597CB00009B/3789